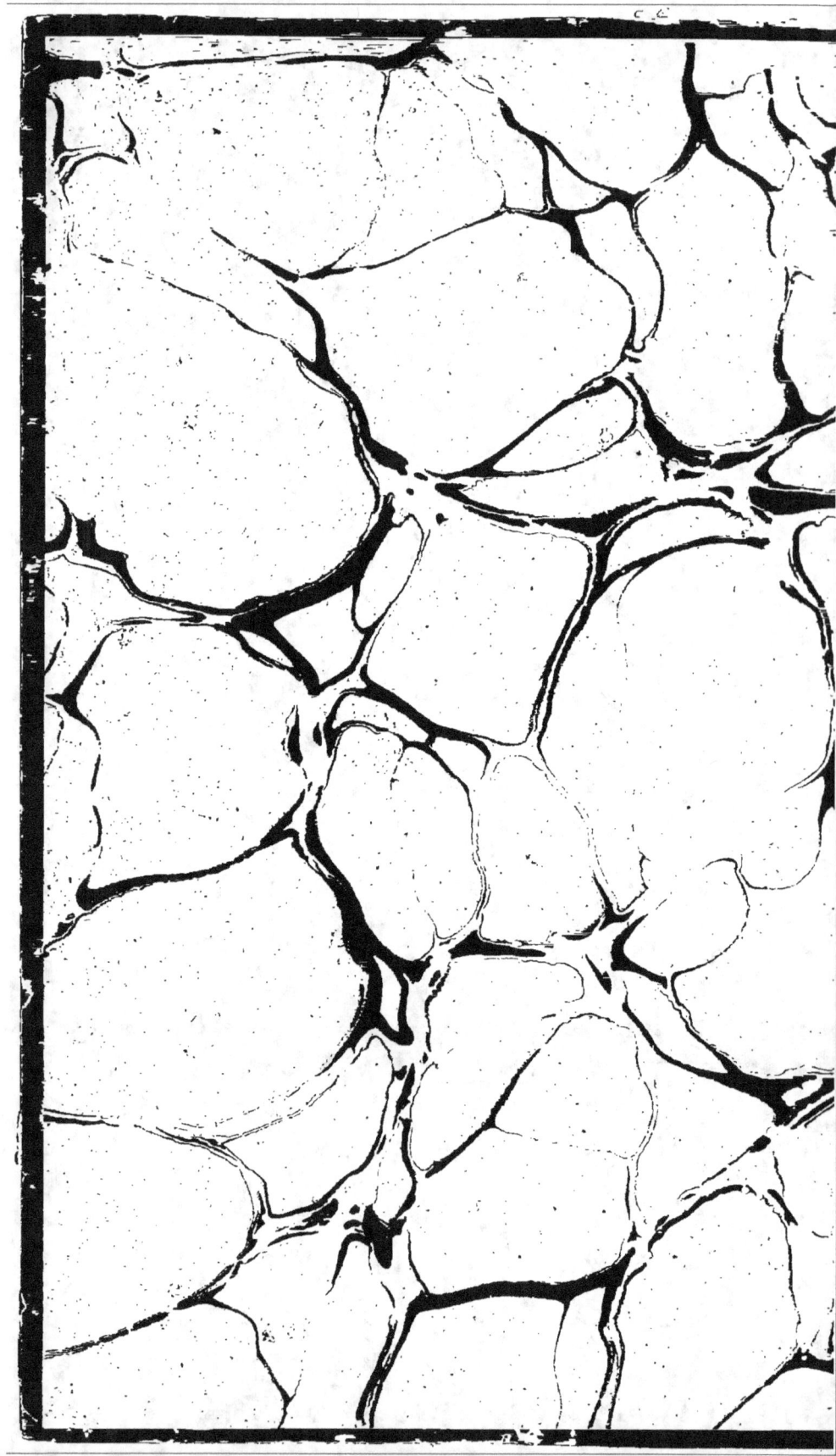

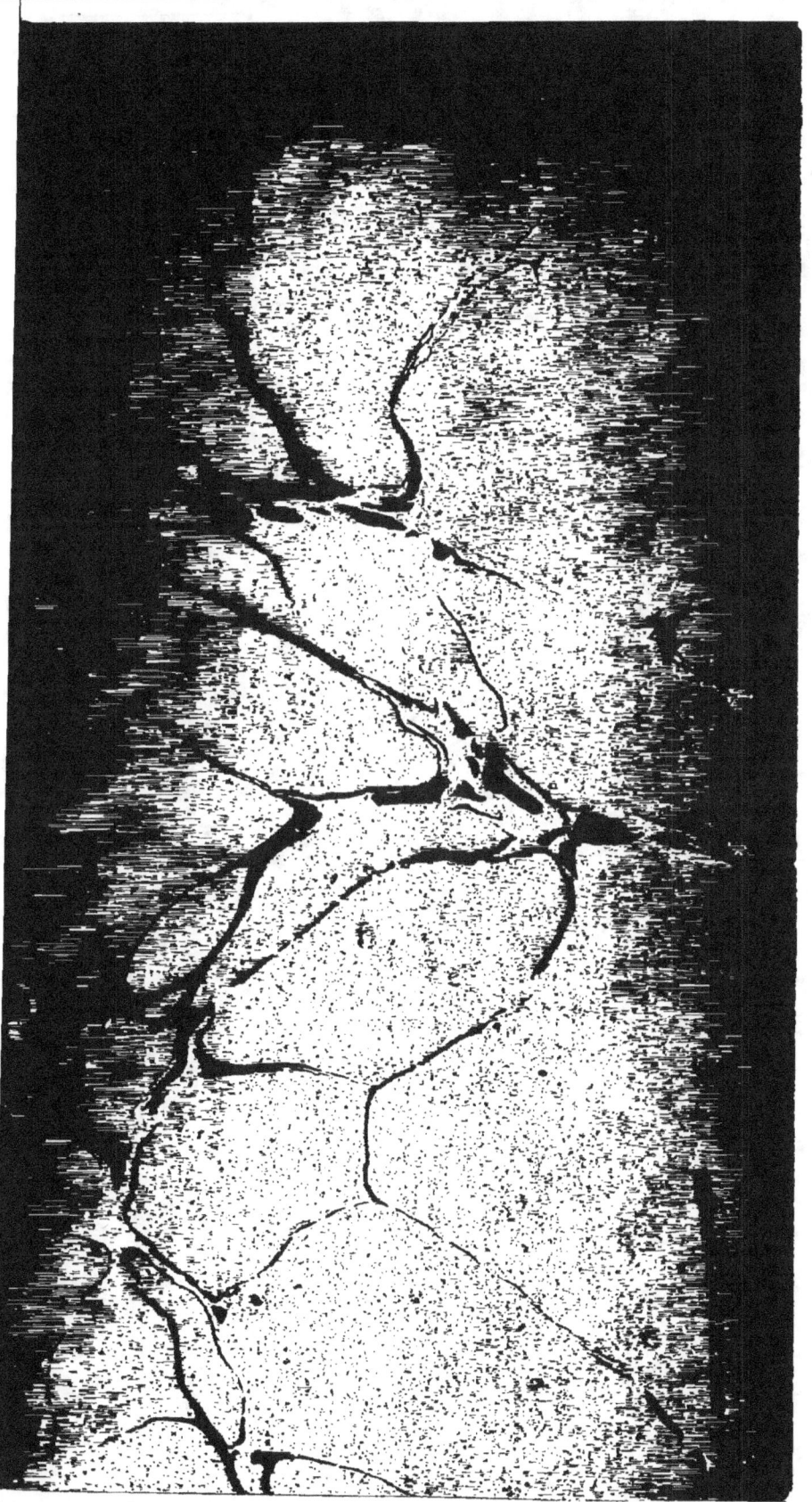

COLLECTION
DES
LIVRETS

DES

ANCIENNES EXPOSITIONS

DEPUIS 1673 JUSQU'EN 1800

SALON DE 1704
III

PARIS

LIEPMANNSSOHN ET DUFOUR

ÉDITEURS

11, rue des Saints-Pères

—

AVRIL 1869

EXPOSITION

DE 1704

—

III

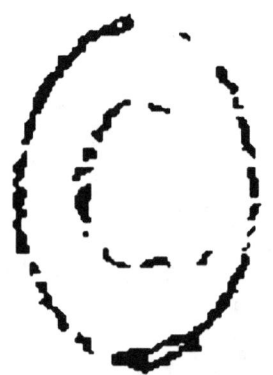

COLLECTION

DES

LIVRETS

DES

ANCIENNES EXPOSITIONS

DEPUIS 1673 JUSQU'EN 1800

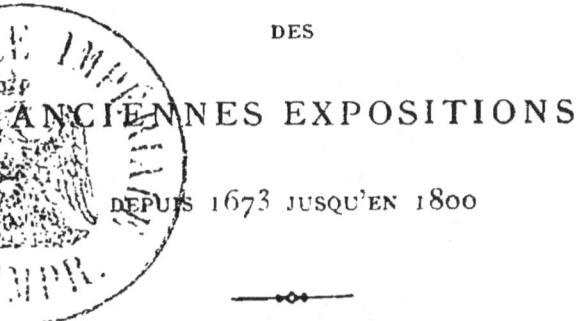

EXPOSITION DE 1704

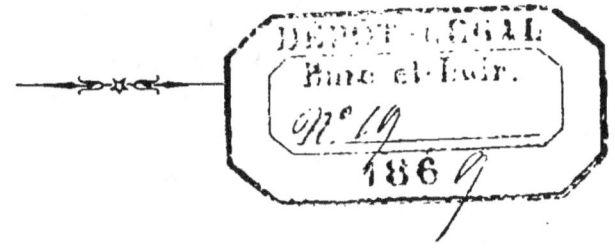

PARIS

LIEPMANNSSOHN ET DUFOUR

ÉDITEURS

11, rue des Saints-Pères

AVRIL 1869

NOMBRE DU TIRAGE

DU LIVRET DE 1704.

400 exemplaires sur papier vergé.
  25   —   sur papier de Hollande.
  10   —   sur chine.

N°

Ce livret seul est vendu 2 fr. 50.

NOTICE BIBLIOGRAPHIQUE.

Il nous est parvenu trois tirages différents de ce livret. Il n'y a peut-être pas d'autres livrets, dans toute la série, dont les éditions diverses offrent autant de variantes. Aussi avons-nous adopté pour cette fois un système tout à fait exceptionnel. Nous reproduisons textuellement la première édition, ou du moins celle qui peut passer pour telle, c'est-à-dire la moins complète, et nous rejetons dans des notes au bas de chaque page les variantes de la deuxième et de la troisième éditions.

Deux de ces trois tirages existent à la Bibliothèque Impériale; nous avons emprunté le troisième à une collection particulière.

La première édition se trouve à la Bibliothèque Impériale, département des imprimés, sous la cote V. 2654 A.a 3. Elle compte 34 pages, la dernière entièrement remplie, de sorte que le permis d'imprimer a été rejeté à la page suivante dont il occupe le milieu.

La deuxième édition a 35 pages. La dernière ne contient que 6 lignes et le permis d'imprimer. La

Bibliothèque Impériale ne possède pas ce tirage; nous nous sommes servis pour en déterminer les variantes de la collection des livrets de M. G. Duplessis qui vient de la bibliothèque de M. Duchesne aîné.

Enfin la troisième édition se trouve au Cabinet des Estampes à la Bibliothèque Impériale. Elle a 36 pages juste une page de plus que la précédente; car les six lignes qui se trouvent au dernier feuillet sont exactement les mêmes qui occupaient sur la deuxième édition la page 35. A leur suite se trouve le permis d'imprimer.

Il est inutile d'insister sur l'importance des variantes que chacun pourra apprécier dans ce volume et sur la nécessité de les indiquer toutes.

On ne connaît pas de critique sur ce Salon qui d'après les registres de l'Académie dépouillés à l'Ecole des Beaux-Arts par M. Saint-Vincent Duvivier, aura duré presque deux mois, du 12 septembre au 8 novembre 1704.

LISTE
DES TABLEAUX
ET DES OUVRAGES

DE SCULPTURE

EXPOSEZ DANS LA GRANDE GALLERIE DU LOUVRE

PAR MESSIEURS LES PEINTRES ET SCULPTEURS

DE L'ACADÉMIE ROYALE,

EN LA PRÉSENTE ANNÉE 1704

A PARIS
De l'Imprimerie de Jean-Baptiste Coignard
Imprimeur ordinaire du Roy, ruë S. Jacques
à la Bible d'or

—

M DCC IV

AVEC PERMISSION

LISTE DES TABLEAUX

ET DES

OUVRAGES DE SCULPTURE

EXPOSEZ DANS LA GRANDE GALLERIE DU LOUVRE, PAR
MESSIEURS LES PEINTRES ET SCULPTEURS DE L'ACADEMIE
ROYALE, EN LA PRESENTE ANNÉE 1704.

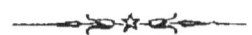

L'Académie a tousjours efté perfuadée qu'elle ne pouvoit mieux faire connoiftre fon application & fon zele pour la perfection des beaux Arts qu'en expofant de temps en temps quelques morceaux de peinture & de sculpture faits par les Académiciens qui la compofent. Elle fçait que quoique la plûpart de leurs Ouvrages foient faits pour contribuer à la Majefté des Temples & à la magnificence des palais, il ne laiffe pas d'y en avoir un grand nombre d'autres qui ne font pas plutoft placez dans les Cabinets où ils font deftinez, qu'ils font fouvent derobez aux yeux du public, & qu'ainfi le progrès que l'Académie fait dans ces Arts pourroit eftre ignoré, fi elle n'avoit foin de luy fournir de quoy reveiller fon attention. M. Mansard, Surintendant des Baftimens, Arts & Manufactures de France, Protecteur de l'Académie, luy ayant cette année obtenu du Roy une partie de la grande Gallerie du Louvre, Elle s'eft portée à faire cette expofition avec d'autant plus d'ardeur qu'elle fe rencontre heureufement dans un temps où tout le monde eft en fefte pour la naiffance d'un Prince qui fait les délices de la Maifon Royale & de toute la France, la Compagnie ne pouvant trouver une occafion plus favorable de témoigner la part qu'elle prend à la joye univerfelle.

La partie de la Gallerie employée à la décoration eft de 110. toifes de long, & a, de chaque cofté, entre les croifées, 17. trumeaux ornez de tapifferies & numerotez fous la corniche en chiffres Romains, où font rangez les Ouvrages de Peinture, &, au milieu de la Gallerie, devant les Trumeaux, & dans les embrafures des croifées, les Ouvrages de Sculpture.

A l'un des bouts, vers les Tuilleries, fous un riche dais de velours vert, & au deffus d'une eftrade couverte d'un tapis, eft le Portrait du Roy, en pied, ayant à fa droite le portrait de Monfeigneur le DAUPHIN, & à fa gauche celuy de Monfeigneur le Duc de BOURGOGNE. Sur le fauteüil de l'eftrade eft le portrait de Monfeigneur le Duc de BRETAGNE. Ce fauteüil eft accompagné de deux grandes torcheres à l'antique, fur lefquelles font deux vafes de bronze de Monfieur *Girardon*. Ces trois premiers tableaux font peints par M. *Rigaud*, & le dernier par M. *Gobert*.

Dans les embrafures des trois premières croifées de chaque cofté, font placez fix Buftes montez fur leurs fcabellons, qui font les portraits de feu Monfeigneur le Prince de Condé & de Monfieur le Marechal de Turenne, de Monfieur le Marechal de Vauban, & de Monfieur le Chevalier de la Valliere; de Monfieur de Cotte, Controleur des Baftimens de France (1), & de

---

(1) Sur la 2ᵉ éd. M. de Cotte n'a plus le même titre;

Madame de la Ravois, faits par Monſieur *Coyſevox*, Directeur & l'un des quatre recteurs de l'Académie.

Dans le milieu de la Gallerie entre les ſecondes croiſées, il y a un grand grouppe de bronze de trois figures repreſentant Pluton qui enleve Proſerpine, ſur un pied d'eſtal, qui a ſervi de modele à celuy que Monſieur *Girardon* a fait de marbre en grand à la colonnade de Verſailles. Et plus bas entre les troiſiémes croiſées eſt la ſtatuë équeſtre du Roy en bronze, qui eſt une copie en petit de celle qui eſt à la place de Vendôme ; elle eſt montée ſur un pied d'eſtal & eſt accompagnée de deux vaſes de bronze ſur leurs ſcabellons.

Ces ouvrages (1) ſont de Monſieur *Girardon*, Chancelier & l'un des quatre Recteurs de l'Académie. Les Vaſes ſont les modeles de ceux qu'il a faits de marbre en grand pour Verſailles, ſur leſquels eſt repreſenté le Triomphe de Thetys (2).

---

il est qualifié : Intendant des Bâtimens, Arts & Manufactures de France...

La 3ᵉ éd. est en ce qui le concerne conforme à la 2ᵉ ; mais le nom de Monsieur de la Vallière qui précède M. de Cotte est remplacé par celui de Monsieur le duc de Richelieu, venant immédiatement après le maréchal de Vauban.

(1) 2ᵉ & 3ᵉ, le passage suivant est intercalé ici : & un autre Grouppe de bronze, qui eſt entre les quatriémes croiſées, repréſentant Ariſtée, qui pour obliger Protée paſteur de Neptune à luy découvrir qui avoit fait mourir ſes Abeilles, le livre à un rocher.

(2) 2ᵉ et 3ᵉ ajoutent ce passage : Immédiatement

1. Trumeaux sur la cour :

Quinze tableaux de M. *Coypel le père*, ancien directeur, & l'un des quatre recteurs de l'Académie.

Au premier rang d'en bas,

Ptolémée Philadelphe qui donne la liberté aux Juifs en reconnoiſſance de la traduction des Livres saints par les Septante.

Solon ſoûtenant la juſtice de ſes lois.

Alexandre Sévere qui fait diſtribuer du bled au Peuple de Rome dans une diſette.

L'Empereur Trajan donnant ſes Audiences publiques aux Nations étrangeres.

Entre les quatre tableaux, qui ont été exécutez en grand à Verſailles, un ſujet de Zephyre & Flore, & de pluſieurs Amours qui joüent.

Au milieu du Trumeau : (1)

Une Aſſomption de la Vierge accompagnée de deux petits Tableaux de grouppes d'Anges qui joüent des inſtrumens, faits pour être exécutez en grand aux Invalides.

Sur l'hiſtoire d'Hercule. Le combat qu'il eut avec

---

après la ſtatuë equeſtre (le mot equeſtre ne se trouve qu'à la 3ᵉ éd.) du Roy, & entre les Trumeaux III, eſt le portrait de Monsieur, Frere unique du Roy, fait en marbre par M. *Prou*, profeſſeur.

(1) 3ᵉ éd. : Une Aſſomption de la Vierge accompagnée de deux petits tableaux, dont l'un repréſente :

Un Chriſt au Jardin conſolé par un Ange.

Un Chriſt en croix.

Acheloüs. Amalthée qui donne la corne d'Abondance pour être envoyée à Hercule en échange de celle qu'il avoit ôtée à Acheloüs.

Déjanire & le Centaure Neſſe bleſſé par Hercule.

Déjanire envoyant à Hercule, par Lycas, la chemiſe empoiſonnée du Centaure. L'Apothéoſe d'Hercule.

Les portraits de M. *Coypel* & de Madame ſon Epouſe, peints par luy (1).

I. TRUMEAU SUR L'EAU.

Treize tableaux du même M. *Coypel le pere* :
Une figure de l'Abondance;
Apollon ſe repoſant après avoir tué le serpent Python.
Agar & Iſmaël au déſert.
La prière de JESUS CHRIST au jardin.
L'Ivreſſe de Loth avec ſes deux filles.
Saint Jacques conduit au supplice.
Un Buſte d'un Saint Pierre.
Un autre d'une Magdelaine.
Une Vierge, un petit Jéſus, & un Saint Jean.
La Réſurrection de JÉSUS CHRIST.
Un CHRIST en croix, accompagné de pluſieurs Anges.
Et aux côtés un Chriſt & une Vierge en regard (2).

---

(1) Addition de la 3e édition.

Dans l'embraſure de la croiſée au deſſous,

Artémiſe prenant une coupe pour y boire les cendres de ſon Epoux, par M. *Santerre*, académicien.

(2) La 2e éd. est conforme à la 1e; mais la 3e a bouleversé tout ce panneau de la manière suivante :

II. Trumeau sur la cour.

Le Portrait du Roy d'Efpagne en pied, grand comme le naturel, peint par M. *Rigaud*, adjoint à Profeffeur.

Au deffous, un Tableau d'Acis & Galathée écoutant Polyphéme joüant d'une flûte, par M. *de la Foffe*, ancien Directeur & l'un des quatre Recteurs de l'Académie.

Et trois Payfages de M. *Foreft*, Confeiller.

Treize tableaux du même M. *Coypel le pere* :
Au premier rang,
La Réfurrection de Jesus Christ.
La Priere de Jesus Christ au Jardin.
Agar & Ifmael au defert.
Apollon fe repofant aprés avoir tué le ferpent Python.
L'yvreffe de Loth avec fes deux filles.
Au fecond rang,
Saint Jacques conduit au fupplice.
Une Vierge, un petit Jefus, & un S. Jean.
Une Magdelaine.
La figure de l'Abondance.
Au troifiéme rang,
Un Christ en croix accompagné de plufieurs Anges.
Et aux coftez :
Un Chrift & une Vierge en regard.
Au deffous de chacun de ces trumeaux,
Deux grouppes d'Anges qui joüent des inftrumens, faits pour eftre executez en grand aux Invalides.

II. Trumeau sur l'eau.

Au rang du milieu, deux tableaux de M. *Verdier*, ancien Profeffeur.

La Multiplication des Pains dans le défert par Jésus Christ.

Jesus Christ portant fa Croix, preft de fortir de Jérufalem.

Onze tableaux de M. *Montagne*, Profeffeur.

Entre les deux tableaux précédents, Apollon fur le Parnaffe, avec les Mufes.

Au rang du haut, un Chrift en Croix, dans le milieu, & aux côtez ;

La prière que la femme Cananéenne fait à Jesus Christ pour la guerifon de fa fille, & une Nativité de N. Seigneur.

Au deffus, les Portraits de M. Geffroy (1) & de M. Creton (2).

Au rang d'en bas,

Saint Charles recevant le viatique.

Un Christ au Jardin.

La Madeleine dans le défert.

La Converfion de Saint Auguftin.

Ste Genevieve priant pour les malades.

III. Trumeau sur la cour.

Treize tableaux de M. *Jouvenet*, adjoint à Recteur.

---

(1) 3ᵉ éd. : ancien échevin.
(2) 3ᵉ éd. : ancien juge conful.

Au haut du trumeau, Jesus Christ defcendu de la Croix & étendu par terre fur un linceul.

D'un côté, une Defcente de Croix de Jesus Christ par fes Difciples.

Et de l'autre, l'Abondance fous la figure d'une femme.

Au fecond rang, la Cène de Jesus Christ avec fes douze Apôtres.

D'un côté, l'Hyver, repréfenté par un Vieillard auprés d'un brafier (1).

Et de l'autre, Vénus qui engage Vulcain de faire des armes pour Enée.

Au deffous, un fujet de l'Hiftoire d'Andromaque, qui tâche à fauver fon fils Aftyanax découvert par Ulyffe, dans le tombeau d'Hector, de la fureur des Grecs (2).

D'un côté, le portrait de M. Finot, Médecin.

Et de l'autre, un saint Bruno.

Entre ces tableaux font placez quatre autres petits où font quatre des douze Apôtres qui doivent eftre peints à fraifque en grand aux Invalides (3).

---

(1) 2ᵉ & 3ᵉ éd., à la place de cet article fe trouve :
Le portrait de M. de Cotte le fils.

(2) 2ᵉ & 3ᵉ éd., après cet article on lit :

D'un côté :

L'Hyver reprefenté par un Vieillard auprés d'un brafier,

De l'autre,

Un S. Bruno &

M. Finot Médecin.

(3) Addition à la 3ᵉ éd. :

III. Truneau sur l'eau.

Dix-huit Portraits peints en pastel par M. *Vivien* (1).

Au haut du trumeau le Portrait de Monsieur le Duc de Baviere.

Dans le milieu le portrait de Madame la Comtesse d'Arco, grand comme le naturel.

A sa droite M. le Curé de S. Mederic & Mademoiselle de Bellefort.

A sa gauche Madame la Marquise de Rafeteau & Mademoiselle Moule.

Les douze autres portraits sont ceux de Messieurs De Fontenay, Nattier, Bacqueville, Turet & l'Allier, & de Mesdames leurs Epouses (2).

IV. Trumeau sur la cour.

Six Tableaux de M. *Corneille*, ancien Professeur.
Au haut du trumeau dans le milieu :
L'Assomption de la Vierge.

Dans l'embrasure de la croisée au-dessous, les Portraits de deux Filles dont l'une represente la Géométrie, & l'autre, une fille qui menace, par M. *Santerre*, Académicien.

(1) 2ᵉ & 3ᵉ éd. : par M. *Vivien*, Conseiller.
(2) Addition des 2ᵉ & 3ᵉ éd. :
Dans l'embrasure de la croisée au-dessus,
Le Portrait de M. Van Cleve, Professeur, & de Madame Guichon la mere.
Vis à vis, le Portrait de Madame Vivien.

D'un cofté, Madame la Ducheffe de Boüillon.

De l'autre, M. le Juge, Fermier General.

Au deffous, un S. François,

Et de part & d'autre, une Magdelaine & une fainte Cecile.

Dans l'embrafure de la croifée au deffous (1). Quatre payfages d'après le Pouffin en eftampes gravées par M. *Baudet*, Confeiller.

IV. Trumeau sur l'eau.

Quinze tableaux de M. *Des Portes* (2), Académicien.

Au premier rang. Quatre fujets différens, d'Oifeaux & un cinquième, de la chaffe d'un fanglier.

Un plus grand, d'un chaffeur qui fe repofe.

Au cofté duquel font, Le portrait du feu Roy de Pologne & celuy de M. le Cardinal d'Arquien.

Et deux autres tableaux, l'un de fruits, l'autre d'un Faifan & un chien.

Au haut du Trumeau, un grand Tableau d'un cerf aux abois.

Et aux coftés, deux chaffeurs en différentes attitudes.

V. Trumeau sur la cour.

Sept tableaux de M. *Boulogne l'aîné* (3).

---

(1) La 3ᵉ éd. intercale ici les articles suivants :

Deux Portraits de Filles fous les figures d'une Pelerine & d'une Muficienne, par M. *Santerre*, Académicien.

(2) Les 2ᵉ & 3ᵉ éd. substituent : Confeiller, à Académicien.

(3) 2ᵉ et 3ᵉ éd. : ancien Profeffeur.

Le plus grand, Moïfe trouvé fur les eaux & préfenté à la fille de Pharaon.

D'un côté, une Danaé,

Et de l'autre, une Lucréce (1).

Au-deffous, d'un côté, le Printemps figuré par Zéphire & Flore,

De l'autre, le Jugement de Pâris (2).

Entre les deux, un petit Amour qui baife un pigeon & Vénus accompagnée de Bacchus & de Cérès.

Sur tous ces tableaux, deux de Mademoifelle *Boulogne fœur*, l'un de fruits, & l'autre d'Inftrumens de mufique.

Dans la croifée au-deffous, cinq Tableaux de Mademoifelle *de Boulogne*, qui font une penfée de la mort, & quatre autres de différens fervices de fruits & autres mets (3).

---

(1) A partir de ce tableau la 3ᵉ éd. donne le texte suivant :

Au deffous

Un petit Amour qui baife un pigeon. Le Printemps figuré par Zephyre & Flore.

Une jeune fille étonnée de voir envoler fon oifeau.

Le Jugement de Pâris, où, par le départ précipité de Junon, le Peintre a voulu marquer le vif reffentiment de cette Déeffe qui a été fi fatal aux Troyens. Deux filles qui cherchent leurs puces.

(2) 2ᵉ éd. : où par le départ précipité, etc. (comme dans la 3ᵉ).

(3) Additions des 2ᵉ et 3ᵉ éd. :

Le petit Jupiter enlevé à Saturne par les Coribantes au fon des inftrumens d'airain et reçu par les Nym-

V. Trumeau sur l'eau.

Six (1) Tableaux de M. *Boulogne l'aîné* (2).
Au milieu du premier rang,
Une Sémélé (3).
Un saint Pierre & une Magdelaine.
Une tefte dans le goût de Vandeck.
Une autre dans le goût de Rimbran.
Au deffus, le portrait de M. le Chevalier de Comminge (4).
Dans l'embrafure de la croifée au deffous,
Un Crucifix en bronze fur la Croix de M. *Couftou*, Profeffeur.
Dans le milieu, entre les deux trumeaux V, Un

---

phes des eaux.
Addition de la 3ᵉ éd. feule :
Les Portraits de M. l'abbé du Viviers, de M. l'abbé de Reverfaux, & celuy du R. P. Mallebranche.
(1) 2ᵉ et 3ᵉ éd. : huit.
(2) 2ᵉ et 3ᵉ éd. : ancien profeffeur.
(3) 2ᵉ et 3ᵉ éd. : Un Tableau reprefentant Semelé, qui par le confeil de Junon, défira que Jupiter la vint voir dans toute fa majefté; de part et d'autre,
(4) A partir de Rimbran, on lit dans les 2ᵉ et 3ᵉ éd. :
Au fecond rang
Hippomene qui pour vaincre Atalante à la courfe, l'amufa par des pommes d'or qu'il jeta dans la carriere. Le portrait de M. le Chevalier de Comminge, & celui de M. Maréchal.

Grouppe d'Enée emportant fon pere Anchife, par M. *Renauldin*, adjoint à recteur.

VI. Trumeau sur la cour.

Deux tableaux de M. *Coypel fils* ancien Profeffeur.

J. C. mort en Croix, le trouble & l'étonnement de la nature & les autres circonftances qui ont accompagné ce terrible évenement.

Jephté qui conduit fa fille à l'Autel où elle devoit eftre immolée.

Entre ces deux tableaux,

Le portrait du même M. Coypel, par M. *Vivien* (1).

Dans l'embrafure de la Croifée au deffous, deux (2) autres Tableaux de M. *Coypel fils* :

La joye de Tobie & de fa famille au moment qu'il recouvra la veuë par le fiel du poiffon dont fon fils lui frota les yeux.

Adam & Eve, qui après leur péché, cherchent à éviter la préfence de Dieu (3).

---

(1) Additions de la 3ᵉ éd. :

Le Jugement de Salomon.

Abraham qui difpofe fon fils au facrifice qu'il étoit fur le point d'en faire, en lui infpirant la foumiffion aux ordres de Dieu.

Moyfe trouvé fur les eaux & préfenté à la fille de Pharaon.

(2) 2ᵉ et 3ᵉ éd. : Trois ...

(3) Ce tableau se trouve plus loin dans la 3ᵉ éd. qui donne ici :

Au même Trumeau, fix tableaux de M. *Belle*, académicien.

Jacques III. Roy d'Angleterre.

La Princeffe Louife Marie fa fœur.

D'un côté, M. le Chevalier Giffort & Madame Renoüard, de l'autre, M. le Chevalier Léé, Mademoifelle Marie Cheron.

Dans l'embrafure de la Croifée, au deffus, les portraits de M. l'abbé du Viviers, & de M. l'abbé de Reverfaux, vis-à-vis, celuy du R. P. Mallebranche.

Devant le Trumeau, une figure de ronde boffe d'une Lucrece, fur fon fcabellon, par M. *Bertrand*, académicien.

VI. Trumeau sur l'eau.

Trois Tableaux de M. *Coypel fils*.

Suzanne jugée & condamnée à mort par les deux Vieillards qui avoient effayé de la féduire.

Athalie qui déchire fes vêtements dans la furprife où elle eft de voir Joas reconnu roy de Juda par les bons offices de Joiada, Grand-Preftre.

Efther qui fe préfente au roy Affuérus.

Et ensuite cette autre addition se trouve dans la 2ᵉ et la 3ᵉ éd. :

Et Cupidon, qui indifférent aux dangereufes bleffures qu'il fe plaît à caufer, se plaint douloureufement à Venus de la piqûre d'une mouche.

Enfin la 3ᵉ éd. ne donne pas ici les 9 portraits qui suivent et arrive immédiatement à la dernière phrase :

Devant le Trumeau, etc...

Au-deſſus, un grand Tableau, ſur le ſujet de l'enlevement de Proſerpine.

Dans l'embraſure de la croiſée au deſſous.

Abraham qui diſpoſe ſon fils au ſacrifice qu'il étoit ſur le point d'en faire, en lui inſpirant la ſoumiſſion aux ordres de Dieu (1).

Un ſujet de l'union de Bacchus & de l'Amour.

Renaud & Armide dans les plaiſirs.

Jacob qui ſe plaint à Laban de luy avoir donné pour femme Lia au lieu de Rachel (2).

Entre les croiſées, au-deſſous des trumeaux VI.

Deux grouppes de Sculpture, l'un repréſentant le Songe d'Endymion, l'autre, Bacchus & Ariadne, par M. *Vanclève*, Profeſſeur.

VII. Trumeau sur la cour.

Douze tableaux par M. *de Troy*, Profeſſeur :

Didon & Enée dans un feſtin.

Un Marc-Antoine.

Le Pere Gilbert, Auguſtin.

Une Cleopâtre.

Une Samaritaine.

Au ſecond rang. M. & Madame *de Troy*, peints par luy;

---

(1) Ce tableau se trouve indiqué au panneau précédent dans la 3ᵉ éd. comme nous l'avons dit; il est remplacé ici par celui d'Adam et Eve qui après leur péché cherchent à éviter la préſence de Dieu.

(2) Le livret n'indique pas de qui sont ces 4 tableaux; mais ils sont d'*Antoine Coypel*.

M. Le Duc du Maine (1);

Madame de Villefranche (2).

Au troisieme rang. M. Mouton, M. l'Abbé de Mouffy (3), Mademoiselle Des Portes.

Dans l'embrasure de la croisée au dessous (4),

Le portrait de Sculpture de l'Epouse de M. *Bertrand*, académicien fait par luy, d'un costé, & de l'autre, plusieurs petits bas Reliefs, modelez de cire, entr'autres, le passage du Rhin, & la prise de Mons. Quatre à la gloire du Roy, exécutez en grand à la porte du Perou de Montpellier.

Et le Portrait de M. Ferand peintre en émail, par le même M. *Bertrand*.

VII. Trumeau sur l'eau.

Treize Portraits par M. *De Troy*.

Au premier rang du bas. M. Penel;

---

(1) La 3e éd. substitue ici au duc du Maine : Mademoiselle d'Elbeuf.

(2) A la place de Mme de Villefranche, la 2e éd. porte : M. le cardinal d'Estrée.

Et la 3e ajoute après Mlle d'Elbeuf :

Monseigneur le duc de Mantoue.

(3) A la place de l'abbé de Moussy les 2e et 3e éd. donnent :

M. le Prince Constantin de Pologne.

(4) Add. de la 3e éd. :

Le Portrait du R. P. général des Feüillans, & Mademoiselle de Villefranche.

Une fille qui médite à la lueur d'une lampe.

M. l'Abbé de Saint Pierre;

Le R. Pere Charpentier.

M. l'Abbé de Monlord.

M. Héraud, Confeiller de l'Académie.

Au deuxiéme rang.

M. le Prince de Dombes.

Feu M. de Monforand (1).

Madame Charpentier.

M. de Malezieu;

Madame d'Elbeuf.

Au troifiéme rang.

Madame Robin.

M. de Balincourt.

Mademoifelle de Sery.

Dans l'embrafure de la croifée au-deffous.

Le portrait du R. P. General des Feüillans (2).

Entre les deux croifées, qui font au-deffous du tru-

---

(1) A partir de ce nom la 3ᵉ éd. est ainsi rédigée jusqu'à la phrase : Entre les deux croifées, etc. :

M. le Duc du Maine.

M. de Malezieu.

Mademoifelle de Sery.

Au troifiéme rang,

M. Balincourt.

Madame Charpentier.

Madame Robin.

Dans l'embrafure de la croifée au-dessous :

Mademoifelle de Ville Franche & un Payfage de M. Armand, Académicien.

(2) Add. de la 2ᵉ éd. :

Et Mademoifelle de Villefranche.

meau VII. au milieu de la Gallerie, Deux Grouppes de Sculpture, l'un de Venus qui donne des armes à Enée, l'autre d'Enée qui emporte fon pere Anchife, où font auffi Creufe & Afcanius, par M. *Cornu*, adjoint profeffeur.

VIII. Trumeau sur la cour.

Sept Tableaux de M. *Boulogne le jeune* (1).

Premier rang du bas, Tobie qui recouvre la veuë par le fiel du poiffon dont fon fils luy frotta les yeux;

Pâris qui conduit Hélene à fes vaiffeaux.

Regnaud & Armide dans les plaifirs.

Au fecond rang (2), Venus & Adonis.

La fraction du pain en Emaüs (3).

La naiffance de Bacchus.

Au deffus de tous,

Jofeph vendu par fes freres.

Au même Trumeau, Deux Grouppes de Sculpture fur leurs fcabellons dont l'un eft l'enlevement de Pfichée, l'autre, l'enlevement d'Hélene, faits par M. *Bertrand*, Académicien.

Dans l'embrazure de la croifée au-deffous,

Cyanne qui montre à Céres la ceinture de fa fille Proferpine enlevée par Pluton, par M. (4) *Favannes*.

---

(1) 2e et 3e éd. : profeffeur.

(2) A la place de Venus et Adonis la 3e éd. porte ici : le Jugement de Pâris.

(3) Variantes des 2e et 3e éd. : Jesus-Chrift reconnu par les difciples d'Emaüs dans la fraction du pain.

(4) 2e et 3e éd. : de Favannes.

Entre les trumeaux huit, au milieu de la Gallerie, Une figure de Prométhée fur fon fcabellon par M. *Bertrand* (1).

VIII. Trumeau sur l'eau.

Dix tableaux de M. *Boulogne le jeune* Profeffeur.
Au premier rang du bas, une Galathée fur les eaux.
Lot & fes deux filles.
L'enlevement de Proferpine par Pluton.
Au deuxiéme rang, Venus qui engage Vulcain à faire des armes pour Enée.
La Samaritaine au Puits avec Jesus Christ.
Diane fe repofant aprés avoir chaffé.
Jesus Christ jeune, méditant fur les clouds de fa Paffion ;
Zéphyre & Flore.
Au troifiéme rang,
Jesus Christ chez Marthe & Marie.
Le portrait de Madame la Comteffe des Marais.
Vénus & Adonis.
Dans la croifée au deffous (2),
Deux portraits en Sculpture, de M. Carto, Architecte, & de Madame fa femme, fur leurs fcabellons, par M. *Frémin*, Académicien.

---

(1) 2ᵉ et 3ᵉ éd. : par M. *Bertrand*, Académicien.
(2) 3ᵉ éd. : Deux Figures de filles dans un même tableau, qui repréfentent la curiofité, par M. *Santerre*, Académicien.

IX. Trumeau sur la cour.

Sept tableaux de M. *Alexandre*, Profeſſeur.

Au premier rang du haut, un ſujet de Vertumme & Pomone.

Au ſecond rang dans le milieu, Vénus qui ſollicite Vulcain de faire des armes pour Enée.

Aux coſtés, deux Tableaux de joüeurs d'inſtrumens.

Au troiſiéme rang du milieu, l'Enlevement d'Europe par Jupiter méthamorphoſé en Taureau,

Et à gauche de ce Tableau deux autres joüeurs d'inſtrumens.

A la droite, un Tableau de M. *Favannes*, Académicien, qui repréſente un Silene éveillé par la Nymphe Eglé en lui frotant le viſage d'une meure.

Dans l'embrazure de croiſée au-deſſous trois (1) Tableaux du même M. *Favannes* :

Un payſage, un ſacrifice d'Abraham, & une Vénus ſur les eaux (2).

Plus trois Portraits, par M. *Garnier*, Académicien, & un autre par M. *Lallemand*, auſſi Académicien.

IX. Trumeau sur l'eau.

Douze Tableaux de Mademoiſelle *Chéron*, à préſent Mademoiſelle Le Hay.

Au premier rang, une fille qui deſſine.

---

(1) 3ᵉ éd. : Quatre.

(2) Add. de la 3ᵉ éd. : Et une autre Venus qui donne une fleche à l'Amour.

Une defcente de Croix.

Le Portrait du pere Sébaftien, Carme.

Au deuxiéme rang M. Dacier.

Madame (1) de Villefranche en Pfichée qui veut tuer l'Amour.

Madame Manfard.

Madame de Barbezieux.

M. le Prieur de Cordemoy.

Au troifiéme rang, Madame de la Guette.

Deux jeunes filles qui accordent un claveffin.

Une Grecque.

Madame de Monaco.

Dans l'embrazure au-deffous, Tancrede qui dans un combat fingulier tue Clorinde fans la connoître (2).

Entre les trumeaux IX, au milieu de la Gallerie,

Un Groupe de Sculpture d'un Mercure qui enleve Pandore. Fait par M. *Framin* (3), Académicien.

X. Trumeau sur la cour.

Sept tableaux de M. *Hallé*, Profeffeur.

Une Vierge en la compagnie de plufieurs Saints.

Le Serviteur d'Abraham qui préfente des joyaux à Rébecca.

Moyfe trouvé fur les eaux.

---

(1) 2ᵉ et 3ᵉ éd. : Mademoifelle.

(2) 2ᵉ éd. : par M. *Favannes*, Académicien.

Add. de la 3ᵉ éd. : & Aréthufe qui évite les pourfuites amoureufes du fleuve Alphée par le fecours de Diane, par M. *Favannes*, Académicien.

(3) 2ᵉ et 3ᵉ éd. : *Fremin*.

Saint Jean donnant la Communion à la fainte Vierge.

Au fecond rang,

Jefus-Chrift chez Marthe & Marie.

La Nativité de la Vierge.

Saint Pierre en prifon réveillé par un Ange.

Au troifiéme rang,

Madame la Ducheffe d'Orléans & M. le Comte de Touloufe en Vertumme & Pomone (1).

Dans l'embrafure, trois Tableaux de M. *Regnault*, Académicien, un maffacre des Innocens, un Saint Denis dans la prifon communié par Jefus-Chrift, un Saint Pierre.

X. Trumeau sur l'eau.

Douze Tableaux de Monfieur *Bouis*, Académicien.

Au rang d'en bas, M. le Nonce Extraordinaire du Pape.

M. de Richebourg.

Mademoifelle de Liforet.

M. Bernard chevalier de S. Louïs.

M. l'Abbé de Cordemoy.

Au fecond rang,

M. Arnault maître de claveffin.

Le R. P. Maffillon, de l'Oratoire.

M. Marais ordinaire de la mufique du Roy.

M. Lauthier Avocat du Confeil.

M. le Marquis de Flamarin.

---

(1) Le livret ne donne pas le nom de l'auteur de ce tableau qui ne figure ni sur la 2e, ni sur la 3e édition.

Au troisiéme rang, M. des Lentes & M. Bouchault, Avocat au Conseil.

Dans l'embrasure de la croisée Portraits gravez de M. *Bouis* (1).

M. de Troy. M. Marais. Mademoiselle de Liforet. M. Despréaux. Mademoiselle de Loison. M. Bernard.

De l'autre côté, un CHRIST à la Colonne, de Sculpture, par M. *Prou*, Professeur.

Entre les Trumeaux X, au milieu, un Grouppe de sculpture d'un Hercule qui emméne Déjanire aprés le combat qu'il eut avec Achelous, par M. *Frémin*, Académicien.

XI. TRUMEAU SUR LA COUR.

Cinq tableaux de M. *Vernansal*, Professeur.
Le crucifiement de Saint Pierre.
La Naissance d'Adonis.
Une Sainte Cécile.
La Naissance de Bacchus.
Jesus-Christ chez Marthe & Marie.
Neuf tableaux de M. *Gobert*, Académicien.
Au troisiéme rang du haut,
Madame la Duchesse du Maine sous la figure de Venus qui envoye Enée à Carthage.
Mademoiselle de la Motte (2).
Mademoiselle de Villefranche.

---

(1) Addit. des 2ᵉ et 3ᵉ éd. :
M. le Nonce Extraordinaire du Pape,
Le R. P. Massillon.
(2) 2ᵉ et 3ᵉ éd. : Mothe.

Au rang du milieu, Madame de Gié.

M. Boulogne le jeune.

Mademoifelle Gobert.

M. Vancleve.

Une femme agée.

Dans l'embrazure de la croifée au-deffous, le portrait de Mademoifelle Maupin.

Plus deux Tableaux de M. *Regnault*, Académicien, qui font, un Saint Eftienne conduit en prifon. Et la defcription d'une pefte.

Et un Chrift en Croix de Sculpture, par M. *Granier*, Académicien.

XI. Trumeau sur l'eau.

Dix tableaux de M. *Cotelle*, Adjoint à Profeffeur.

Au premier rang du bas, deux payfages de même grandeur.

Deux plus petits auffi égaux en grandeur.

Deux autres, l'un de Rebecca qui reçoit des joyaux du ferviteur d'Abraham. L'autre des filles de Jetro défenduës par Moyfe.

Dans le milieu l'exquiffe d'un plafond fait pour les Dames de la Miféricorde d'Avignon, & dans le haut la fainte Vierge fe profternant devant une Croix, que luy préfentent des Anges. Et au bas la Magdelaine chez le Pharifien.

Deux petits Tableaux de Mars & Venus, & une petite Bambochade.

Au deuxieme rang, une Sainte Famille, un Chrift en Croix, Agar chaffée par Abraham.

Au troifiéme rang Portraits par M. *Gobert* Académicien.

Madame la Ducheffe de Bourgogne en habit de chaffe.

D'un côté Madame la Ducheffe d'Orleans, & de l'autre Madame la Ducheffe en habits de mafque. Monfieur le Comte d'Eu, M. le Chevalier de Boüillon, & M. le Comte d'Albert (1).

XII. TRUMEAU SUR LA COUR.

Onze Tableaux de M. *De Largilliere.*
Au premier rang du bas, M. le Comte d'Upfé.
M. Doré,
M. l'Evêque de Cominges,
M. de la Vienne (2).
Au fecond rang, M. Foreft peintre.
M. l'Archevêque de Touloufe.
M. Poerfon, Peintre, ancien Profeffeur de l'Académie, à préfent Directeur de l'Académie de Rome.
Au troifiéme rang, Madame Aubry époufe de M. Aubry maiftre des Comptes.

---

(1) Add. de la 3ᵉ éd. :
Dans l'embrafure de la croifée au-deffous, le Portrait en Sculpture de M. Raclot.
Et au-deffus du Bufte, une Fille qui lit une lettre, par M. *Santerre*, Académicien.

(2) Les portraits de M. l'Evêque de Comminges et de M. de la Vienne manquent aux 2ᵉ et 3ᵉ éd. Ils sont remplacés par :
M. le Marquis de Monmege.

M. le Comte de Clipenhaufe.

Madame Guimont.

Dans l'embrafure de la croifée,

M. & Madame de Santilly, & M. du Porc Auditeur des Comptes & Madame fon époufe (1).

XII. Trumeau sur l'eau.

Onze Tableaux de M. *De Largilliere*, adjoint à Profeffeur.

Au premier rang du bas, M. Aubry le Lieutenant General de Touraine.

Madame de la Martelliere.

Une Tête de Saint Pierre.

M. de la Martelliere maître des Requeftes.

Madame Tirard.

Au fecond rang, Madame la Marquife de la Fayette.

M. Mitantier ancien Greffier en Chef de l'hoftel de Ville.

Madame Bertin.

Au troifiéme rang, M. le Lieutenant Criminel.

M. Stoup Lieutenant General.

M. Delpèche l'Avocat Général de la Cour des Aydes.

Dans l'embrafure de la croifée au deffous, d'un côté, une Diane de fculpture en bronze. De l'autre, une tête de Flore fur leurs fcabellons, par M. *Flamen*, Profeffeur.

---

(1) Add. des 2ᵉ et 3ᵉ éd. :

Quatre Tableaux de Fleurs & Fruits, par M. *Garnier*, Académicien.

XIII. Trumeau sur la cour.

Douze Tableaux de M. *Colombel*, adjoint à Profeſſeur.

Au premier rang, deux femmes qui ſe diſpoſent à entrer dans le bain.

La tolerance de Fabius, ou le ſoldat Lucanien.

Adam & Eve qui evitent la preſence de Dieu aprés leur tranſgreſſion.

Une Diane.

Au ſecond rang, une Flore accompagnée de filles & d'enfants.

L'Adoration des Rois.

L'enlevement d'Europe.

Au troiſiéme rang, Madame la Princeſſe de Montbazon.

M. Selles.

Madame de Pleneuf.

Dans l'embraſure de la croiſée au-deſſus, une Leda dans le bain trompée par Jupiter ſous la forme d'un Cigne. Et dans celle au-deſſous, un Portrait de M. l'Abbé de Saint Martin.

Dans la même embraſure au-deſſous du Trumeau XIII. un Grouppe de Sculpture en bronze de trois figures, où ſont repréſentez Vertumne, Pommone & un Amour (1). Une autre figure de bronze d'une Bac-

---

(1) Dans la 3ᵉ éd. ce groupe en bronze est supprimé et remplacé par :

Une Flore par M. *Colombel*, une joueuſe de Guittare, & une femme liſant une lettre, par M. *Vanſcup-*

chante & deux Têtes de deux jeunes Garçons, en marbre par M. *Le Lorrain*, Académicien.

XIII. Trumeau sur l'eau.

Quinze Tableaux de M. *Tortebat*.
Premier rang du haut, M. Durand.
M. de Cotte Controlleur des Bâtimens.
M. Cindré.
M. le Vigneur.
Au deuxiéme rang, M. & Madame le Fort.
M. le Marquis d'Ofmont.
Madame d'Ofmont fa fœur.
Au troifiéme rang, M. Criftal, M. & Madame Porchon, M. Mornand l'aîné, M. l'Evêque de Cifteron, M. Verrier, M. De la Chevalerie dans l'embrazure.
Au deffous (1) fept Tableaux de M. *Jouvenet le jeune*.

M. Defprez Doyen des Imprimeurs & Libraires ordinaires du Roy.
Madame de Celvoy.
M. de Vernot.
M. Mayere.

---

pen, Académicien, & deux autres Portraits d'hommes, par le même.

Une figure de bronze d'une Bacchante, etc...

(1) Dans la 2ᵉ et la 3ᵉ éd. ce paffage est ainsi modifié :

M. de la Chevalerie.

Dans l'embrafure au-deffous, fept tableaux de M. *Jouvenet le jeune*.

Madame Joffet, Libraire.

M. le Marquis de la Tremblaye.

M. Briffion.

Entre les Trumeaux XIII. au milieu de la Gallerie, un Cupidon de Sculpture en marbre, fur fon pied d'eftal par M. *Flamen*, Profeffeur.

XIV. Trumeau sur la cour.

Dans le milieu du Trumeau, deux Tableaux de M. *Friquet de Vauroze*, adjoint Profeffeur & Profeffeur en Anatomie.

Un Triomphe de Thetis fur les eaux, & une Vierge avec fon Enfant Jéfus (1).

Dix tableaux de M. *Vanfcuppen*, Académicien.

Au rang d'en bas, une Nativité de Nôtre Seigneur.

---

(1) Depuis cet endroit la 3e éd. est ainsi rédigée :
Au rang du bas.
La Nativité de Nôtre-Seigneur.
La mort d'Adonis. Et un retour de chaffe du Roy d'Angleterre, par M. *Vanfcuppen*, Académicien. Et aux deux bouts au même rang, M. le Colonel Léé & M. le Chevalier Gifford, par M. *Belle*, Académicien.
Au fecond rang, Jacques III. Roy d'Angleterre, la Princeffe Louife Marie fa fœur.
Et au troifiéme rang, Madame Marie Chéron, & Madame Renoüard, par le même M. *Belle*.
Et au-deffus de tout, M. & Madame Vanfcuppen, par leur fils M. *Vanfcuppen*.
Dans l'embrazure de la croifée au-deffous, un Groupe de différens oifeaux tués etc...

La mort d'Adonis.

Un retour de chaffe du Roy d'Angleterre.

Au deuxiéme rang, M. & Madame Vanfcuppen, le pere & la mere du Peintre.

Au deffus, deux Portraits par M. *De La Mare-Richard*, Académicien.

Dans l'embrazure de la croifée au-deffus du Trumeau: par M. *Vanfcuppen,* une joueufe de Guittare, & une femme lifant une lettre. Deux teftes; & dans celle au-deffous, un Grouppe de différens oifeaux tués.

Une fille fur une efcarpolette & un fujet de raifins & de fruits.

Dans la même embrazure, un bas-relief en marbre d'une Vierge au bas de la Croix qui tient son fils mort fur fes genoux, par M. *Barroy,* adjoint à Profeffeur (1).

XIV. TRUMEAU SUR L'EAU.

Cinq Tableaux de M. *Marot*, Académicien.

Premier rang du bas, Jefus Chrift fe féparant des Pelerins d'Emaüs aprés la fraction du pain.

Agar & Ifmaël au defert.

Une joueufe de Luth.

Venus qui engage Vulcain à faire des armes pour Enée.

Une Dame à qui l'on prefente du Caffé.

Neuf Tableaux de M. *Chriftophe*, Académicien.

Au deuxiéme rang, une Nativité.

---

(1) Add. des 2ᵉ et 3ᵉ éd. :
Et un Portrait par M. *Garnier*, Académicien.

Un retour de chaſſe.

Une chaſſe aux canards, par de jeunes garçons.

Un jeu du gage truché.

Le combat d'Hercule & d'Achelous,

Dans l'embrazure de la croiſée au-deſſous.

Adonis & la Nymphe Echo.

Vertumne & Pommone.

Apollon & la Cibille.

L'enlevement d'Europe.

Dans l'embrazure, deux Tableaux de M. *Tavernier*, Académicien, l'un repréſentant la Naiſſance de Romulus, l'autre l'Enlevement de Déjanire.

XV. TRUMEAU SUR LA COUR.

Onze Tableaux de M. *Rigault*, adjoint à Profeſſeur.

Au premier rang, M. de la Fontaine.

Un Buſte d'un Saint Pierre.

M. l'Abbé de Flameville.

Un Buſte de Saint Paul (1).

M. de Santeuil, poete.

Au deuxiéme rang, Monſieur le Comte d'Evreux.

Madame de la Ravoye.

M. le Comte de Renel (2).

Au troiſiéme rang.

M. le Préſident du Mets.

M. de Phelippeaux.

---

(1) Après ceci, dans la 2ᵉ éd. :

M. Rigault, le jeune.

(2) 2ᵉ et 3ᵉ éd. donnent : Revel.

M. Mignard (1).

Dans l'embrazure de la croifée au-delfous, un Tableau de M. *Silveftre*, adjoint Profeffeur, repréfentant Mercure qui endort Argus au fon de la flute pour luy couper la tefte.

Un Tableau de Fleurs en Feftons par M. *De Fontenay*, Confeiller (2).

Il y a auffi fept Eftampes de M. *Picard Le Romain*, graveur Académicien, qui font : une fainte Cécile : un Concert de Mufique : un *Ecce Homo* : une fainte Catherine : un Turc : l'homme fenfuel : & la Vertu héroïque.

XV. TRUMEAU SUR L'EAU.

Treize Tableaux de M. *Rigault*.
Son portrait peint par luy.
M. Gillet Procureur de la Cour.
M. de Liotau.
M. l'abbé Benier.
M. ...... (3).
Au fecond rang, M. Coyzevox (4).
Madame Bouré.

---

(1) 2ᵉ et 3ᵉ éd. : feu M. Mignard, premier peintre du Roy, Directeur de l'Académie.

(2) 2ᵉ et 3ᵉ éd. :
Et deux Payfages de M. Herault.

(3) La 3ᵉ éd. nomme ici :
M. Rigault le jeune.

(4) 2ᵉ et 3ᵉ éd. : M. Coyzevox, Directeur de l'Académie.

Madame Rigault la mere, en trois différentes attitudes.

M. de la Foſſe, ancien directeur & Recteur.

Au troiſieme rang, M. Deſjardins (1).

M. Lamet, ancien Curé de S. Euſtache.

M. Leonard libraire.

Dans l'embrazure de la croiſée au deſſous (2), ſix morceaux de Sculpture de M. *Poultier* Académicien.

Un Chriſt de bronze ſur ſa Croix : Adam & Eve tentez par le ſerpent : un joüeur de Guittare : Apollon & Daphné : une Vénus : & Suzanne tentée par les deux Vieillards.

XVI. Trumeau sur la cour.

Deux Tableaux de M. *Silveſtre*, adjoint à Profeſſeur.
Venus & Adonis.
Apollon & Daphné.
Un Payſage de M. *Foreſt*, Conſeiller.
Un autre Payſage de M. *Hérault*, Conſeiller.

Au deſſus, les Portraits de M. Silveſtre & de Madame ſon Epouſe, en paſtel, par M. *Vivien*.

Dans l'embraſure de la croiſée (3), trois payſages de M. *Hérault* (4).

---

(1) 2ᵉ et 3ᵉ éd. : Feu M. Desjardins, l'un des quatre Recteurs de l'Académie.

(2) Add. de la 3ᵉ éd. :

Une coupeuſe de choux, par Monſieur *Santerre*, Académicien.

(3) Add. de la 3ᵉ éd. :

Une Eſpagnolette par M. *Santerre*, Académicien.

(4) Add. des 2ᵉ et 3ᵉ éd. :

XVI. Trumeau sur l'eau.

Vingt Tableaux de M. *Tournier*, Académicien.
Au premier rang, M. de Bouticourt (1).
Une femme & un jeune garçon.
M. de la Roche & M. Tournier (2) ensemble.
M. de Launay & fa Famille.
Monfieur & Madame Morlay.
M. Goubert & fa Famille.
Jofeph qui évite les follicitations de la femme de Putiphar.
Au fecond rang, M. Vanclève.
M. Ballin, le pere.
Deux jeunes Garçons.
Madame Ladoireau (3).
M. Boulogne le jeune, profeffeur (4).
M. de la Motte de Conflans.
Madame Meritte.
Madame Bofc.
Mademoifelle Mazé.
M. l'Abbé De Roffet.
Madame des Gotz.

Et deux tableaux de fleurs par M. *Baudeflon* (*Baudeffon*, 3ᵉ éd.), Académicien.

(1) A la fuite de ce nom la 3ᵉ éd. ajoute :
Une petite Venus.
(2) 2ᵉ et 3ᵉ éd. : Tournière.
(3) 3ᵉ éd., ici : M. de Launay.
(4) Après ce nom, dans la 3ᵉ éd., vient : Madame Ladoireau.

M. Pecourt l'aîné.

M. Robe.

Dans l'embrafure de la croifée au deffous, un Grouppe de Sculpture de M. *Le Moyne*, Académicien, repréfentant Cephale & Procris, & la Tête d'un jeune homme (1).

XVII. Trumeau sur la cour.

Un grand Tableau de M. *De Fontenay*, reprefentant un Bufet garni de toutes fortes de vaiffelle & de vafes & d'une grande varieté de fruits.

Un Payfage de M. *Foreft*.

Un autre de M. *Herault*.

Sur la porte d'entrée, un Portrait de M. Jaffaut, par M. *Ranc*.

Un Payfage par M. *Herault*.

XVII. Trumeau sur l'eau.

Cinq Tableaux de M. *Bertin*, Académicien.

Au premier rang du bas, une Bacchanale.

Les filles de Jethro défenduës par Moyfe.

Un crucifiement de Jefus Chrift.

Jefus Chrift qui lave les pieds à fes Apôtres.

La Naiffance d'Adonis.

Six portraits par M. *Ranc*, Académicien.

Au fecond rang, M. de la Motte.

---

(1) Dans la 3ᵉ éd. :
Au deffus,
Une Fille vollée, par M. *Santerre*, Académicien.

Madame la Préfidente de Jaffau.

M. de Martangis.

Au troifiéme rang, Madame Guillemain.

M. Boniere.

Madame du Beloy.

Au fond de la Gallerie, du côté de l'entrée.

Dans le milieu, fur un tapis de velours, eft le Portrait de Madame la Ducheffe de Bourgogne, peinte par M. *Gobert*.

Au deffus, un grand tableau du portement de Croix par M. *Ranc*. Et au deffous, une Vierge.

D'un côté vers la porte, un Tableau du pieux Samaritain, par M. *Ranc* (1), entre deux Payfages de M. *Herault*, & un Payfage de M. Armand (2).

De l'autre côté (3), deux Portraits par M. *Ranc*, & un Neptune fur les eaux, par M. *Tavernier*.

Vis-à-vis le fond dans le milieu de la Gallerie,

Le Portrait de M. Manfard Surintendant des Bâtimens, Arts & Manufactures de France et Protecteur de l'Académie, fait en bronze par M. *Le Moyne*, Académicien (4).

---

(1) 2ᵉ et 3ᵉ éd. : *Bertin*, au lieu de *Ranc*.

(2) Dans la 3ᵉ éd. ces trois payfages ont disparu et font remplacés par :

Deux Tableaux de M. *Santerre*, Académicien, repréfentans la Peinture en deux differentes attitudes.

(3) Add. des 2ᵉ et 3ᵉ éd. :

Une fainte Cecile de M. *Cazes*, Académicien, et...

(4) Add. des 2ᵉ et 3ᵉ éd. :

Aux deux coftez du Dais qui eft au deffus du Portrait du Roy il y a deux Tableaux de M. *Lallemand*, Aca-

Cette decoration eſt terminée par trois grands Tableaux de M. *Jouvenet* qui ont chacun 20 pieds de long, & qui ſont expoſez dans la cour du Louvre, au pied de l'Eſcalier qui ſert de ſortie.

Dans le premier, & qui eſt le plus eſloigné, le Peintre a exprimé la force de la grâce de Jeſus Chriſt ſur le cœur de la femme pécherefſe qui ſe vint jetter à ſes pieds dans le feſtin où il avoit eſté invité par Simon. L'on y remarque, & les différents mouvements qui ſe pafſerent dans l'eſprit des Conviez ſur l'indignité de la femme, & la puiſſance du Sauveur, & la joye du Ciel ſur la pénitence des pecheurs.

Dans le ſecond, le trouble & le deſordre de ceux qui vendoient dans le Temple les animaux deſtinez aux Sacrifices de la Loy, lorſqu'ils en furent chaſſez par Jeſus Chriſt animé de zele pour la Maiſon de ſon Pere.

Et dans la Reſurrection du Lazare, qui fait le ſujet du troiſiéme tableau, la ſurpriſe & l'eſtonnement de Marthe & de Marie, & des Juifs qui ſe trouverent preſents à un évenement ſi peu attendu, & qui attira les (1) larmes & le trouble juſques dans l'ame de Jeſus Chriſt qui operoit ce grand prodige.

Auprés, & joignant la face de l'Eſcalier eſt un autre tableau de M. *Corneille*, qui repréſente la peſche mira-

---

démicien, l'un repréſentant le ſommeil accompagné du ſilence, l'autre l'accord de Venus avec Bacchus & Cérés.

Et à coſté des deux portes de la ſortie il y a

Cinq Tableaux d'Architecture faits par M. *Boyer*, Académicien.

(1) 2ᵉ et 3ᵉ éd. : *des*, au lieu de *les*.

culeufe de S. Pierre, lorfqu'il jetta le filet en mer fur la parole de Jefus Chrift.

Le tout décoré par les foins de M. *Herault*, Confeiller de l'Académie.

Permis d'imprimer. Fait ce 17 feptembre 1704.
M. R. DE VOYER D'ARGENSON.

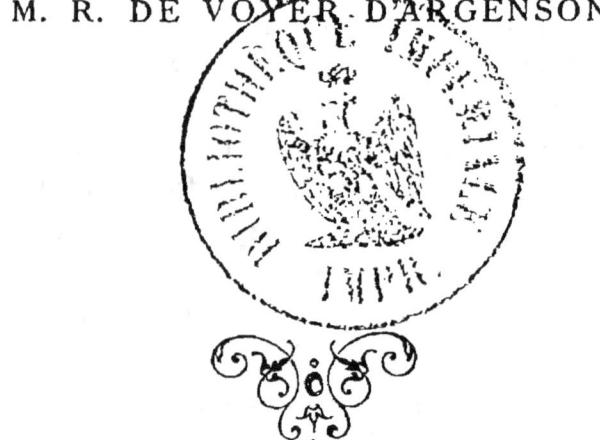

Nogent-le-Rotrou, Imprimerie de A. Gouverneur.

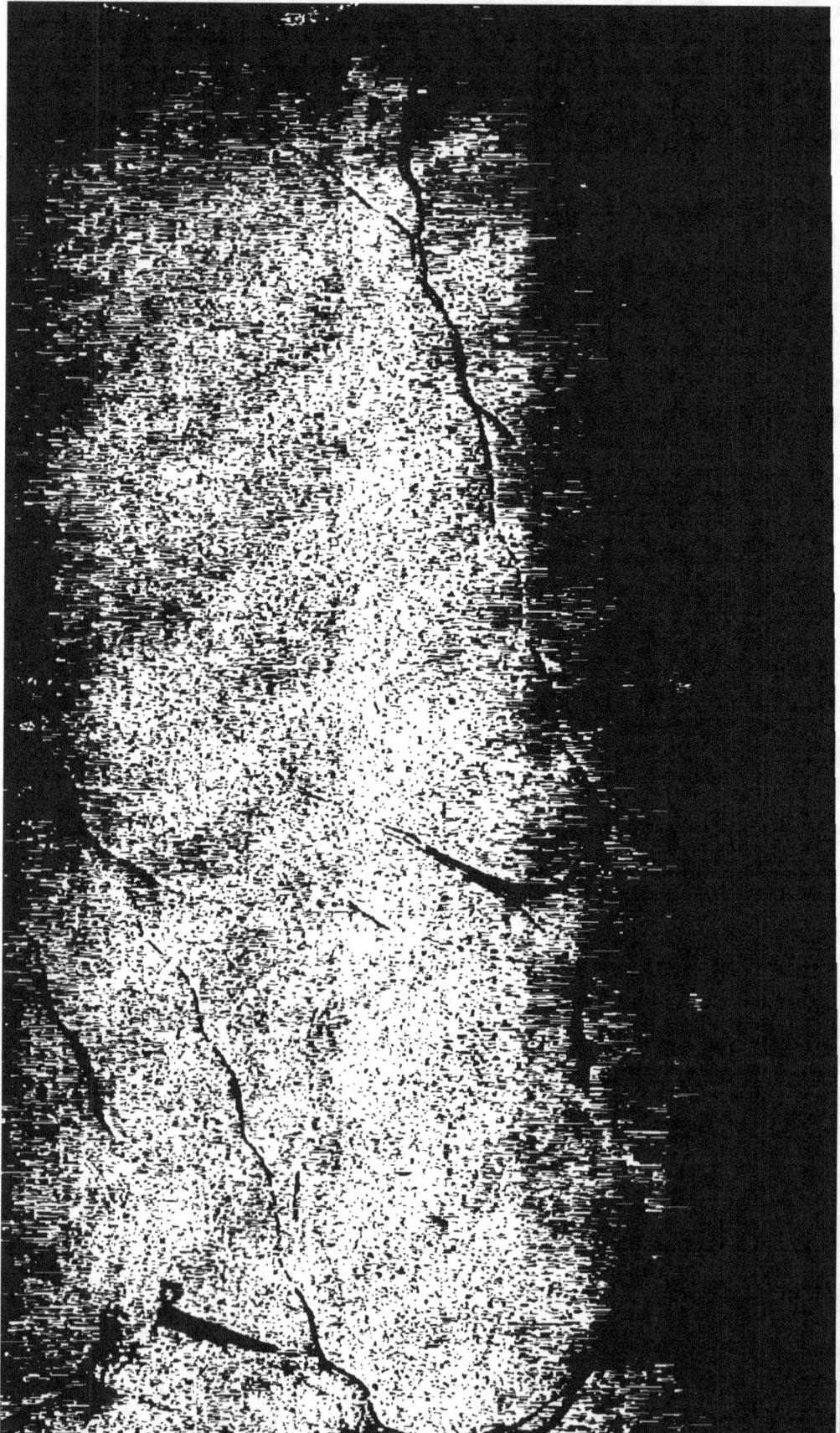

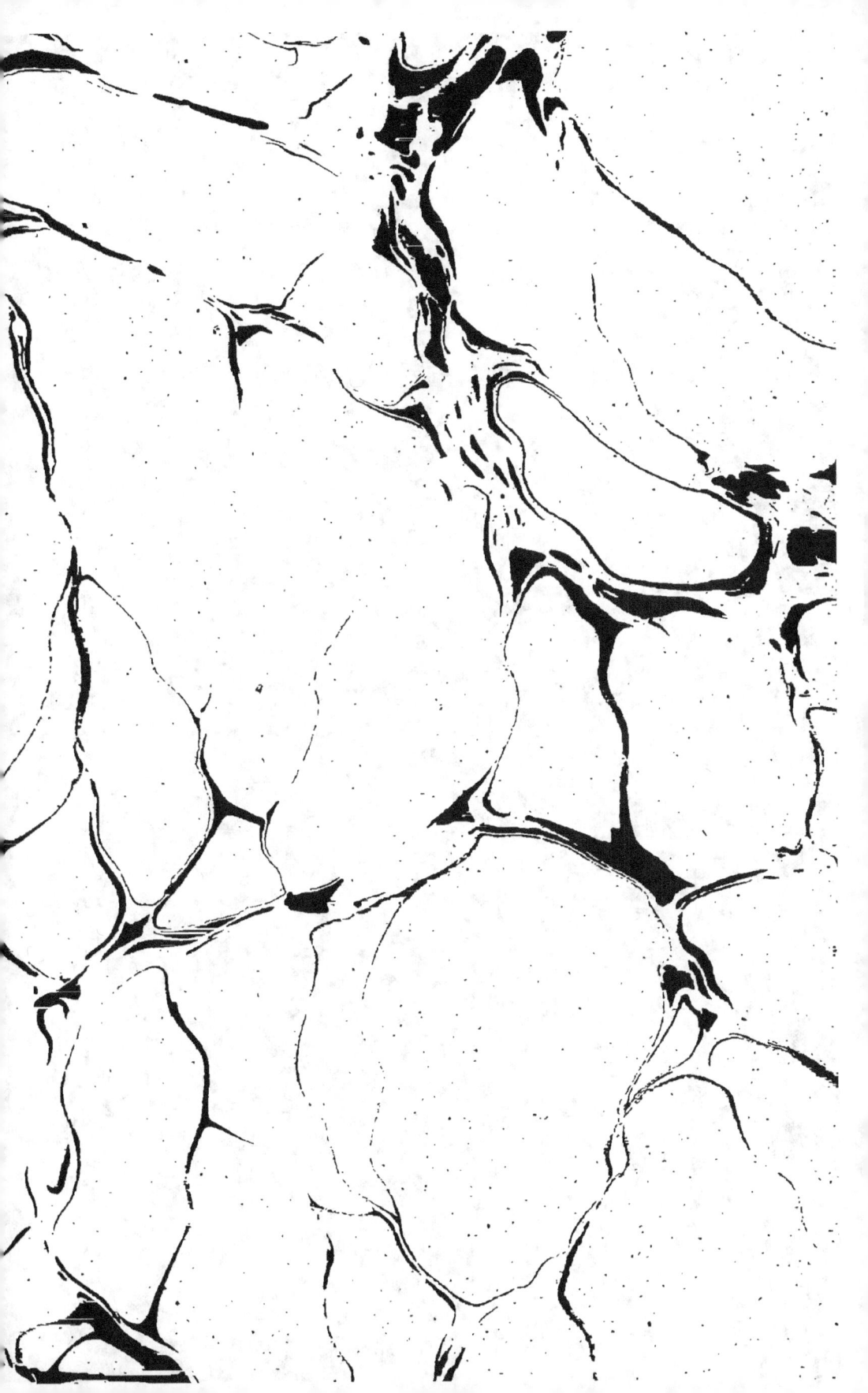

www.ingramcontent.com/pod-product-compliance
Lightning Source LLC
Chambersburg PA
CBHW030049230526
45471CB00003B/1013